BEI GRIN MACHT SICH IHR WISSEN BEZAHLT

AF149604

- Wir veröffentlichen Ihre Hausarbeit,
  Bachelor- und Masterarbeit

- Ihr eigenes eBook und Buch -
  weltweit in allen wichtigen Shops

- Verdienen Sie an jedem Verkauf

Jetzt bei www.GRIN.com hochladen und kostenlos publizieren

Clemens Wörner

Analyse des Verlaufs des realen Wechselkurses

GRIN Verlag

Bibliografische Information der Deutschen Nationalbibliothek:

Die Deutsche Bibliothek verzeichnet diese Publikation in der Deutschen National-
bibliografie; detaillierte bibliografische Daten sind im Internet über http://dnb.d-
nb.de/ abrufbar.

Impressum:

Copyright © 2007 GRIN Verlag GmbH
Druck und Bindung: Books on Demand GmbH, Norderstedt Germany
ISBN: 978-3-640-25141-4

Dieses Buch bei GRIN:

http://www.grin.com/de/e-book/120669/analyse-des-verlaufs-des-realen-wechsel-
kurses

GRIN - Your knowledge has value

Der GRIN Verlag publiziert seit 1998 wissenschaftliche Arbeiten von Studenten, Hochschullehrern und anderen Akademikern als eBook und gedrucktes Buch. Die Verlagswebsite www.grin.com ist die ideale Plattform zur Veröffentlichung von Hausarbeiten, Abschlussarbeiten, wissenschaftlichen Aufsätzen, Dissertationen und Fachbüchern.

Besuchen Sie uns im Internet:

http://www.grin.com/

http://www.facebook.com/grincom

http://www.twitter.com/grin_com

Analyse des Verlaufs des realen Wechselkurses

Hauptseminar Spezielle Volkswirtschaftslehre

im Sommersemester 2007

zum Thema

Monetäre Außenwirtschaft

Staatswissenschaftliches Seminar

Universität zu Köln

Clemens Wörner

9. Fachsemester VWL

_____

I. Inhalt

1. Einleitung

Der reale Wechselkurs ist von großer theoretischer und praktischer Relevanz bei der Erforschung internationaler makroökonomischer Zusammenhänge. Er ist in erster Linie ein Instrument zur Analyse von Kaufkraftparitäten. Mit dem Wissen über den realen Außenwert einer Währung lassen sich langfristige makroökonomische Anpassungsprozesse, wie zum Beispiel Preissteigerungen, nominale Wechselkurse oder die Wettbewerbsfähigkeit eines Landes analysieren und prognostizieren. (Mark 2001, S. 163). Der reale Aussenwert einer Währung liefert also wichtige Informationen sowohl für staatliche Institutionen wie Zentralbanken und Ministerien als auch für private Investoren wie Banken und Versicherungen.

In dieser Arbeit werden die theoretischen Grundlagen des realen Wechselkurses, wie das Einheitspreisgesetz und die Kaufkraftparitätentheorie, näher erläutert um im folgenden Kapitel auf die theoretischen Eigenschaften des realen Wechselkurses selbst und die wichtigsten empirischen Grundlagen zu dessen Analyse sowie Ergebnisse einzugehen. Weiterhin werden die wichtigsten Theorien zu Abweichungen von der Kaufkraftparität kurz dargestellt. In Kapitel 4 wird eine dieser Theorien, das Balassa-Samuelson Modell, etwas eingehender besprochen um in Kapitel 5 die Studie von Canzoneri et al. (1999) vorzustellen, welche die Postulate der Balassa-Samuelson Theorie empirisch untersucht. Im letzten Kapitel soll ein Fazit gezogen und ein Ausblick auf die zukünftige Entwicklung des realen Wechselkurses gegeben werden.

2. Theoretische Grundlagen des realen Wechselkurses

2.1 Das Einheitspreisgesetz

Das Einheitspreisgesetz bzw. Gesetz der Preiseinheitlichkeit (LOOP) ist die Grundlage der Kaufkraftparitätentheorie. Es besagt, dass in verschiedenen Ländern produzierte homogene Güter, unter Vernachlässigung von Transaktionskosten, denselben Preis in einer Währung ausgedrückt besitzen (Sarno et al. 2002, S.51).

$$P_{i,t} = S_t P_{i,t}^* \qquad (2.1)$$

P-Stern bezeichnet hier den Preis des ausländischen Gutes i zum Zeitpunkt t umgerechnet mit dem nominalen Wechselkurs S zum Zeitpunkt t, der bei Gültigkeit des Einheitspreisgesetzes dem Preis des inländischen Gutes i zum Zeitpunkt t im Inland entsprechen soll. Der Grund für den einheitlichen Preis in verschiedenen Ländern ist die Annahme einer perfekten Güterarbitrage.

2.2 Die Kaufkraftparitätentheorie

Die Kaufkraftparitätentheorie (im weiteren Textverlauf KKP genannt) in ihrer heutigen Form wurde von dem schwedischen Ökonomen Gustav Cassel im Jahre 1918 entwickelt, wobei sich schon diverse Ökonomen vor ihm mit dem Thema beschäftigten (Sarno et al. 2002, S. 51, Krugman 2006, S. 478) Sie besagt, dass Kaufkraftparität herrscht, also zwei Währungen dieselbe Kaufkraft besitzen, wenn das Preisniveau des Auslands dividiert durch das inländische Preisniveau dem nominalen Wechselkurs (Mengennotierung) entspricht. Man unterscheidet in der Literatur zwei Arten von KKP. Absolute KKP ist gegeben, wenn

$$S_t = \frac{P_t^*}{P_t}$$

(2.2)

erfüllt ist, wobei S den nominalen Wechselkurs P das Preisniveau des Inlands und P* das Preisniveau des Auslands zum Zeitpunkt t bezeichnen. Dieses Preisniveau wird über einen bestimmten Warenkorb oder Preisindex bestimmt. Die KKP besagt, dass Preissteigerungen im Inland (was einem Verlust der inländischen Kaufkraft entspricht) mit einer Abwertung der eigenen Währung verbunden sein müssen um das Gleichgewicht wiederherzustellen. (Krugman 2006, S. 478).

Relative KKP ist bei

$$\Delta S = \frac{\Delta P^*}{\Delta P}$$

(2.3)

erfüllt. Hier entspricht die Veränderung des nominalen Wechselkurses der relativen Veränderung des inländischen und ausländischen Preisniveaus zwischen den Zeitpunkten t und t+1. Die relative KKP bezieht sich im Gegensatz zur absoluten KKP auf Preis- und Wechselkursänderungen und nicht auf deren Niveaus.

3. Der reale Wechselkurs

3.1 Theorie

Mit Hilfe des realen Wechselkurses können Abweichungen von der Kaufkraftparität sehr komfortabel analysiert werden. Der reale Wechselkurs q (hier in logarithmierter Form aufgeführt) setzt sich aus den relativen Preisniveaus und dem nominalen Wechselkurs (Mengennotierung) jeweils zum Zeitpunkt t zusammen.

$$q_t = s_t + p_t - p_t^*$$

(3.1)

Während der nominale Wechselkurs den relativen Preis zweier Währungen bezeichnet, stellt der reale Wechselkurs den relativen Preis zweier Warenkörbe dar (Krugman 2000, S. 502). Bei Gültigkeit der KKP müssten beide Warenkörbe gleich teuer sein und der reale Wechselkurs folglich den Wert 1 bzw. in der logarithmierten Form den Wert 0 annehmen.

3.2 Empirie

Bisher sind weder die von der Theorie postulierten Paritätswerte noch konstante Werte für den realen Wechselkurs für einen bestimmten Zeitraum nachgewiesen worden. Grafik A.1 im Anhang zeigt dies anhand des Verlaufs des realen US$/DM Wechselkurses von 1970-2004. Allgemein gilt die KKP daher als erfüllt, wenn der Entwicklung des realen Wechselkurses ein stationärer Prozess zugrunde liegt. Für schwache Stationarität müssen die folgenden Bedingungen erfüllt sein (Mosler 2006, S. 26):

1. Mittelwertstationarität: $E(q_t) = \mu$ (3.2)

    Der Erwartungswert des realen Wechselkurses zum Zeitpunkt t muss dem Mittelwert entsprechen.

2. Kovarianzstationarität: Die Kovarianz $Cov(q_s, q_t)$ ist ausschließlich von der Differenz von t - s abhängig, wobei t und s zwei verschiedene Zeitpunkte darstellen.

Grafik A.2 zeigt einen typischen stationären Prozess.

Das Gegenteil eines stationären Prozesses ist ein Random Walk (Irrfahrt). In diesem Fall wäre die KKP nicht erfüllt. Ein Prozess ist dann ein Random Walk wenn gilt:

$$q_t = q_{t-1} + u_t \quad \text{mit } u_t i.i.d \div (0, \sigma^2) \text{ und } \sigma^2 > 0 \qquad\qquad (3.3)$$

Beim realen Wechselkurs würde ein Random Walk vorliegen wenn der Wert der Vorperiode t-1 addiert mit einem unabhängigen White Noise u_t den Wert der Periode t ergäbe. Der unabhängige White Noise ist unabhängig und gleichverteilt (i.i.d.) mit einem Erwartungswert von Null und einer Varianz größer 0. Somit wird sichergestellt, dass fast jeder Wert mit der gleichen Wahrscheinlichkeit erreicht wird. In Grafik A.3 sind einige repräsentative Random Walks dargestellt. Im Gegensatz zu einem stationären Prozess hat ein Random Walk keinerlei Stabilitäts-bzw. Prognoseeigenschaften (Mosler 2006, S. 27). Die Fachwelt ist sich einig, dass der reale Wechselkurs kurzfristig einen Random Walk beschreitet, langfristig jedoch irgendeine Art von KKP gilt. „ (…) that some form of PPP holds at least as a long-run relationship." (Sarno et al 2002, S. 51). Weiterhin kann man zwischen festen und flexiblen Wechselkursen unterscheiden. Bei Ersteren sind die Abweichungen von der KKP generell geringer als bei Letzteren (Krugman 2006, S.489; Froot 1994, S. 39). Hierbei ist jedoch anzumerken, dass die statistischen Methoden zur Analyse des realen Wechselkurses zahlreich sind und deren Validität in Fachkreisen sehr umstritten ist (Levin 1993, Maddala 1999, Wu 1996, Engel 2000). Hinzu kommt noch, dass die Halbwertszeiten dieser Abweichungen mit 3-5 Jahren für die wichtigsten Industrienationen sehr hoch sind (Sarno et al. S. 87, Lothian 1996, S. 505). Es dauert also statistisch gesehen zwischen 6 und 10 Jahren bis sich Abweichungen im Preisniveau zwischen zwei Nationen ausgleichen. Vor diesem Hintergrund ist es angebracht die Frage zu stellen, ob angesichts solch träger Prozesse überhaupt noch KKP im Sinne Cassels vorliegt (MacDonald 1998, S.43).

3.3 Erklärungsansätze zur Abweichung des realen Wechselkurses

Wie im vorhergehenden Kapitel erläutert, ist es unbestritten, dass Abweichungen von der KKP kurz- bis mittelfristig auftreten. Mit der ökonometrischen Analyse geht daher meist das theoretische Problem nach den Ursachen für die beträchtlichen zeitlichen und zahlenmäßigen Abweichungen des realen Wechselkurses von der KKP einher.

Transaktionskosten:

Die Abstraktion von Transaktionskosten insbesondere Transportkosten hält der Realität nicht Stand. Trotz Globalisierung, multilateralen Freihandelsabkommen und Wirtschaftsgemeinschaften bestehen weiterhin tarifäre und nichttarifäre Handelshemmnisse. Politische und wirtschaftliche Instabilitäten sowie kulturelle und sprachliche Unterschiede können einem Angleichen der Preise durch Güterarbitrage ebenfalls im Wege stehen. Engel und Rogers (1996) konnten in einer Studie für die USA und Kanada bestätigen, dass sowohl die Entfernung als auch die Staatsgrenze eine verzerrende Wirkung auf das Einheitspreisgesetz hat.

Preisindizes:

Für die Berechnung des realen Wechselkurses muss auf die von offizieller Seite veröffentlichten Preisindizes zurückgegriffen werden. Jedoch ist die Äquivalenz dieser Preisindizes durch die von Land zu Land unterschiedlichen Messmethoden nicht gegeben. Weiterhin gibt es sehr große Differenzen in den Präferenzstrukturen der einzelnen Nationen was sich in der unterschiedlichen Gewichtung einzelner Güter und Dienstleistungen in den Indizes niederschlägt. Letztlich ändern sich über den

Zeitverlauf auch die Gewichte innerhalb eines Preisindex. Alle diese Faktoren können zu starken Abweichungen von der KKP führen. (Krugman 2006, S. 495)

Pricing-to-Market (marktbezogene bzw. regionale Preisdifferenzierung):

Die „Pricing to Market" Theorie von Paul Krugman (1987) und Rüdiger Dornbusch (1987) erklärt die Abweichungen des realen Wechselkurses mit dem Vorhandensein von oligopolistischen Anbietern, die ihre Preise abhängig von den Nachfrageelastizitäten der Absatzmärkte differenzieren (Froot 1994, S. 37f).

Schwankungen des nominalen Wechselkurses:

Der nominale Wechselkurs unterliegt starken Schwankungen, deren Ursachen in den seltensten Fällen realwirtschaftliche Transaktionen sind. Devisengeschäfte sind heutzutage größtenteils rein monetäre Transaktionen (Arbitragegeschäfte, Termingeschäfte) ohne realwirtschaftlichen Hintergrund.

Starre Preise:

Nach der KKP müssten die Preise zusammen mit dem nominalen Wechselkurs schwanken. Jedoch können die Exportunternehmen nicht täglich ihre Preise anpassen. Dies würde zu hohe Kosten verursachen (Menükosten). Engel und Rogers (2001) konnten den Zusammenhang zwischen flexiblen Wechselkursen und Abweichungen vom Einheitspreisgesetz bestätigen.

In der Literatur werden ebenfalls die Einflüsse von nominalen (monetären) und realen Angebots- und Nachfrageschocks und deren Auswirkungen auf den realen Wechselkurs untersucht (Clarida, Gali 1994, Ronald Macdonald 1998, S. 33).

Eine weitere Theorie, die die Abweichungen von der KKP zu erklären versucht, ist der Balassa-Samuelson Effekt, der im folgenden Kapitel näher erläutert werden soll.

4. Das Balassa-Samuelson Modell

Die Balassa-Samuelson Theorie, in der Folge mit BST abgekürzt, wurde 1964 von den Ökonomen Bela Balassa und Paul Samuelson unabhängig voneinander entwickelt. In dem Modell wird von zwei verschiedenen Ländern, einem armen und einem reichen Land, und zwei verschiedenen Sektoren, einem Sektor für handelbare sowie für nichthandelbare Güter ausgegangen. Nichthandelbare Güter können nur lokal bzw. regional angeboten werden, weil sie an Personen und Orte gebunden sind oder deren Handel aufgrund zu hoher Transaktionskosten sich nicht lohnt (Obstfeld 2002, S. 202).

Nichthandelbare Güter sind eher arbeitsintensiv, weil es sich dabei überwiegend um Dienstleistungen handelt. Handelbare Güter sind vornehmlich Industrieerzeugnisse, Rohstoffe und Agrarprodukte und deren Produktion eher kapitalintensiv. Natürlich sind auch Überschneidungen bzw. Abweichungen von dieser Kategorisierung denkbar. Aufgrund der höheren Kapitalausstattung ist die Produktivität im Sektor der handelbaren Güter im reichen Land höher als im armen Land. Im Sektor der nichthandelbaren Güter sind die Produktivitäten in beiden Ländern identisch bzw. unterscheiden sich nur geringfügig voneinander. Die Entlohnung in dem Modell erfolgt im Ausgangsgleichgewicht zu den jeweiligen Grenzproduktivitäten mit einem international mobilen Faktor Kapital und einem Faktor Arbeit, der innerhalb eines Landes nur zwischen den Sektoren mobil ist. Folglich ist das Lohnniveau im handelbaren Sektor des reichen Landes wesentlich höher als dasjenige im handelbaren Sektor des armen Landes. Für das handelbare Gut gilt das Einheitspreisgesetz. Daher kommt es durch Handel zu einem Gleichgewichtspreis auf dem Weltmarkt, da die Entlohnung den jeweiligen Grenzproduktivitäten entspricht. Das reiche Land produziert zwar effizienter muss dafür aber auch höhere Löhne zahlen, wohingegen das arme Land das geringere Lohnniveau besitzt, dafür aber die geringere Produktivität vorweisen kann.

Das geringere Lohnniveau aufgrund der geringeren Produktivität im nichthandelbaren Sektor des reichen Landes gleicht sich durch intersektorale Migration oder gewerkschaftliche Aktivitäten an dasjenigen im handelbaren Sektor an (Balassa S. 593). Aufgrund der gestiegenen Löhne in diesem Sektor, denen kein Produktivitätsfortschritt zugrunde liegt kommt es dort zwangsläufig zu Preissteigerungen. Dies wirkt sich auf das allgemeine Preisniveau des reichen Landes aus. Im armen Land hingegen bleibt das Preisniveau aufgrund der geringeren Produktivität konstant bzw. verändert sich nur marginal.

In der Folge besitzt das reiche Land ein höheres allgemeines Preisniveau als das arme Land. Dies hat systematische Abweichungen von der KKP zur Folge (Balassa 1964, S. 587). Die Preise der nichthandelbaren Güter sind zwar Teil des allgemeinen Preisniveaus des reichen Landes haben jedoch keinen Einfluss auf den nominalen Wechselkurs, da die Produkte dieses Sektors nicht am Welthandel beteiligt sind. Aus diesem Grunde kommt es nicht zu einem vollständigen Ausgleich der unterschiedlichen Preisniveaus über den nominalen Wechselkurs. Die Währung des reichen Landes erscheint somit im Sinne der Kaufkraftparitätentheorie als überbewertet gegenüber dem armen Land. Nach Balassa ist diese Überbewertung jedoch gerechtfertigt aufgrund der höheren Produktivität und es bedarf daher keines wirtschaftspolitischen Eingriffs

(Balassa 1964, S. 594). Weiterhin lässt sich schließen, dass je höher die Produktivitätsunterschiede zwischen beiden Ländern, desto größer die Abweichung von der Kaufkraftparität. Die BST impliziert in dynamischer Hinsicht, dass ein steigendes Pro-Kopf Einkommen mit einem steigenden Preisniveau einhergeht bzw. dass das Preisniveau von Ländern mit größerem Produktivitätsfortschritt schneller steigen wird als dasjenige von langsam wachsenden Ländern.

Außerhalb des Modells sind Mechanismen denkbar, die einen Ausgleich der Preisniveaus zwischen beiden Länder herbeiführen könnten. Hierzu zählen Aufholprozesse in Bezug auf die Produktivität des armen Landes durch ausländische Direktinvestitionen und Wissenstransfer. Vorstellbar ist auch eine Anpassung direkt auf der Ebene der Löhne über eine Migration von Arbeitskräften vom armen ins reiche Land. Tourismus könnte ebenfalls ein steigendes Preisniveau im armen Land bewirken (Balassa 1964, S. 596).

5. Die Studie von Canzoneri et al.

5.1 Überblick

Canzoneri et al. überprüfen in ihrer Studie zwei wesentliche Aussagen der BST auf deren empirische Haltbarkeit. Die Hypothesen werden anhand von Daten der 13 bedeutendsten OECD Länder für den Zeitraum von 1960-93 getestet. Diese Tests werden sowohl auf Länderebene als auch als Paneltests durchgeführt. Bei einem Paneltest werden die Daten aller Länder miteinander kombiniert um eine größere Datenmenge zu generieren, was die Power eines solchen Tests erhöht (Canzoneri et al., S. 249) Vor den empirischen Test der Hypothesen geben die Autoren einen graphischen Überblick über die Entwicklung des realen Wechselkurses und der relativen Produktivitäten des handelbaren und nichthandelbaren Sektors. Gemäß der BST müsste der reale Wechselkurs sich in Einklang mit der relativen Sektorproduktivität des produktiveren Landes entwickeln. Grafik A.4 zeigt, dass dies für die DM-Wechselkurse einigermaßen zutrifft, für die US$-Währungspaare jedoch nicht.

5.2 Test der ersten Hypothese

Zuerst soll das von der BST postulierte Verhältnis von relativen Preisen zu relativen Produktivitäten innerhalb eines Landes untersucht werden. Es wird klassisch angenommen, dass die Löhne der Grenzproduktivität entsprechen und dass aufgrund der Mobilität des Faktors Arbeit L die Löhne w in beiden Sektoren identisch sind. Der

Output des handelbaren Sektors wird mit X, der des nichthandelbaren Sektors mit H und das relative Preisverhältnis mit q bezeichnet.

$$\frac{\partial X / \partial L^X}{\partial H / \partial L^H} = \frac{W / P^X}{W / P^H} = \frac{P^H}{P^X} = q \tag{5.1}$$

Die Autoren operationalisieren für die empirischen Tests jedoch keine Grenzproduktivitäten, sondern Durchschnittsproduktivitäten. Sie treffen die Annahme einer proportionalen Beziehung von Grenzproduktivitäten und Durchschnittsproduktivitäten mit φ und ψ als Cobb-Douglas Produktionselastizitäten des Faktors Arbeit (vgl. Formel C.1). Die Proportionalitätsbeziehung lässt sich so ausdrücken, dass die relativen Durchschnittsproduktivitäten x und h den relativen Preisen entsprechen.

$$q = \frac{\varphi}{\psi} \frac{x}{h} \tag{5.2}$$

Die logarithmierten Werte von $q_{i,t}$ und $\frac{x_{i,t}}{h_{i,t}}$ werden zuerst verschiedenen Kointegrationstests unterzogen. Danach wird ermittelt, ob der Kointegrationskoeffizient den Wert 1 annimmt, was einer strikteren Version des BST entspricht. Zwei nichtstationäre Zeitreihen sind dann miteinander kointegriert, wenn eine lineare Kombination der beiden existiert, die selbst stationär ist (Sarno et al., S.61). Ein Kointegrationskoeffizient von 1 bedeutet somit eine stationäre Entwicklung der Differenz der beiden Zeitreihen. Diese Tests werden sowohl für jedes einzelne Land als auch für das Panel aller untersuchten Länder und der G-7 angewendet

Nach Durchführung 3 verschiedener Kointegrationstests (Advanced Dickey Fuller, Phillips-Peron T(p-1) und t_p) stellen die Autoren eine Kointegrationsbeziehung zwischen den beiden Zeitreihen fest und somit einen Verlauf im Sinne der BST.

Die Autoren machen in der Folge von zwei verschiedenen Verfahren Gebrauch um festzustellen, ob die zwei Zeitreihen den Kointegrationskoeffizienten 1 annehmen. Zuerst unterziehen sie einer linearen Kombination von diesen einem Einheitswurzeltest (Test auf Nichtstationarität). Dieses Verfahren führt in der Studie zu uneinheitlichen Ergebnissen. Die andere Möglichkeit ist die Aufstellung einer Regressionsgleichung mit den relativen Produktivitäten als unabhängige, den relativen Preisen als abhängige Variable und die Schätzung der Steigung der Regressionsgeraden.

$$y_{i,t} = \alpha_i + \beta_i z_{i,t} + \varepsilon_{i,t} \tag{5.3}$$

$y_{i,t}$ steht hier für $\ln\left(q_{i,t}\right)$ und $z_{i,t}$ für $\ln\left(\dfrac{x_{i,t}}{h_{i,t}}\right)$. α_i ist der Achsenabschnitt , β_i ist die

Steigung der Regressionsgeraden bzw. der Konintegrationskoeffizient und $\varepsilon_{i,t}$ der

Störterm mit dem Erwartungswert $E\left(\varepsilon_{i,t}\middle|z_{i,t}\right)=0$ jeweils für das Land i zum Zeitpunkt t.

Die beiden Parameter der Gleichung werden mit Hilfe der Methode der kleinsten Quadrate (OLS) geschätzt (vgl. Formel C2 im Anhang). Diese Schätzmethode basiert jedoch auf 2 Annahmen ($E\left(\varepsilon_{i,t}\middle|z_{i,t}\right)=0$; z und y sind unabhängig und gleichverteilt), die in der Praxis häufiger verletzt werden und daher zu verzerrten Ergebnissen führen können. Daher wird zusätzlich eine etwas weiter entwickelte Schätzmethode (FMOLS) verwendet. Ist die Regressionssteigung β=1, dann liegt eine proportionale Entwicklung der beiden Zeitreihen vor. Die Güte der Schätzwerte wird mit Hilfe eines t-Tests bestätigt. Wie in Tabelle B.1 im Anhang ersichtlich, liegen die Werte für ß bis auf wenige Ausnahmen nahe bei 1,0 mit einem durchschnittlichen Schätzwert von ca. 0,8 für alle 13 Länder. Die in der Folge durchgeführten Monte-Carlo Simulationen zur Überprüfung der Schätzwerte deuten jedoch darauf hin, dass die FMOLS Schätzwerte aufgrund der geringen Datenmenge hin zu < 1 verzerrt sind.

5.3 Zweite Hypothese

Die zweite Hypothese der BST postuliert die Gültigkeit der KKP für die Güter des handelbaren Sektors.

$$E_{i,t} = \frac{P_{1,t}^{H}}{P_{i,t}^{H}} = r_{i,t}$$

$$(5.4)$$

E bezeichnet den nominalen Wechselkurs, r das Verhältnis des Preisniveaus der Referenzwährung 1 und der Währung i zum Zeitpunkt t. Sämtliche Tests werden sowohl für den US-Dollar als auch für die DM als Referenzwährungen durchgeführt. Es wird methodisch analog zu den Tests der ersten Hypothese vorgegangen. Die Ergebnisse des Kointegrationstests sind auf Länderebene uneinheitlich. Auf Panelebene sprechen die Ergebnisse für beide Referenzwährungen und alle Testmethoden zugunsten einer Kointegrationsbeziehung. Die folgenden Einheitswurzeltests liefern ähnliche Ergebnisse wie die vorhergehenden Kointegrationstests mit uneinheitlichen Resultaten auf der Länderebene und positiven auf Panelebene. In Tabelle B.2 sind die Ergebnisse der Schätzung der Kointegrationssteigung β zu sehen. Auffallend ist hier, dass die Abweichungen vom Idealwert 1 für die DM Währungspaare wesentlich geringer sind als beim US-Dollar. Beim US-Dollar sind die Abweichungen so groß, dass man nicht mehr von einer proportionalen Entwicklung von Wechselkursen und relativen Preisen sprechen kann. Bei der DM sind die Abweichungen mit unter 5% besonders gering für Italien, Dänemark, Österreich und Spanien; allesamt Mitglieder der EU. Grafik A.5 veranschaulicht das Verhältnis von nominalem Wechselkurs und Kaufkraftparität für einige ausgewählte Länder.

5.4 Zusammenfassung der Ergebnisse

Zusammenfassend ist zu sagen, dass die erste Hypothese einer langfristig proportionalen Entwicklung von den relativen Preisen nichthandelbarer und handelbarer Güter und inversen relativen Produktivitäten sowohl in ihrer weichen als auch strengen Interpretation ($\beta \approx 1$) auf lange Sicht empirisch bestätigt wird.

Die zweite Komponente der BST mit dem Postulat der Gültigkeit der KKP für Güter des handelbaren Sektors ist nur für die DM sowohl in ihrer weichen als auch strikten Form auf lange Sicht zu bestätigen. Beim US Dollar als Referenzwährung gibt es zwar Indizien einer weichen KKP; hingegen sprechen die Ergebnisse, dargestellt in Tabelle B.2, eindeutig gegen eine strikte Form. Dieser Sachverhalt wird durch Grafik A.4, in der die BST und der reale Wechselkurs als Einheiten dargestellt werden, untermauert. Die Gültigkeit der KKP ist anscheinend von der Wahl der Referenzwährung abhängig. Das bessere Abschneiden der DM im Vergleich zum Dollar wird mit der geringeren Distanz zwischen den europäischen Ländern und der größeren Offenheit des europäischen Wirtschaftsraums im Vergleich zur USA erklärt (Macdonald 1998, S. 9). Des weiteren fungiert der US$ in vielen Entwicklungs- und Schwellenländern als Zweitwährung und im internationalen Handel als Fakturierungswährung, was sich dann ausschließlich im nominalen Wechselkurs niederschlägt.

6. Fazit und Ausblick

Obwohl die Ergebnisse der in Kapitel 5 vorgestellten Studie die BST überwiegend bestätigen, liefern andere empirische Untersuchungen zu diesem Modell eher unterschiedliche Ergebnisse (Sarno et al. S.82, Macdonald 1998, S.26)

Man sollte daher die Theorie selbst als einen dynamischen Prozess betrachten, die zum Zeitpunkt ihrer Entstehung 1964 vielleicht zutreffender war als in der heutigen Zeit mit sich durch die Globalisierung angleichenden Produktivitäten, technischem Fortschritt und international mobileren Arbeitskräften. Die fortschreitende Öffnung der globalen Märkte könnte ebenfalls eine Verringerung der Transaktionskosten, Vereinheitlichung von Preisindizes und eine Zurückdrängung regionaler Preisdifferenzierung mit sich bringen, was letztendlich zu geringeren Abweichungen von der Kaufkraftparität führen könnte und somit Cassels Theorie nach über 100 Jahren bestätigen würde. Inwieweit der reale Wechselkurs dazu geeignet ist Aussagen über das Maß der Globalisierung zu treffen wäre noch zu untersuchen.

II. Anhang

A. Grafiken

1. Der reale Wechselkurs US$/DM 1970-2004

Quelle: Penn World Table

2. Ein repräsentativer stationärer Prozess

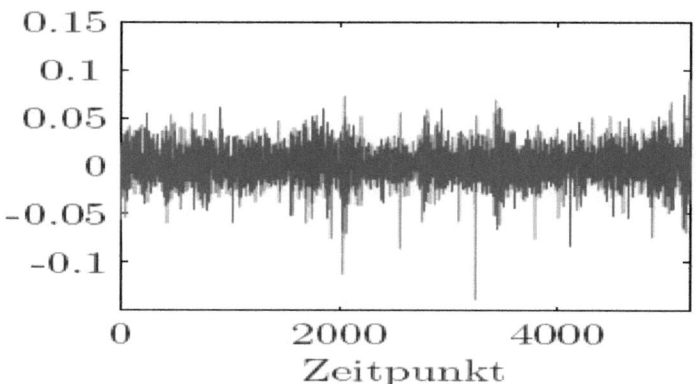

Quelle: Mosler (2006): S. 5

3. 20 Random Walks mit Standard-Störprozess

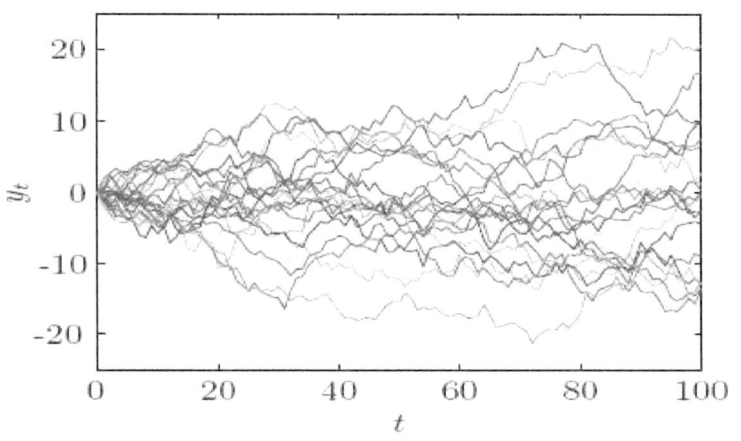

Quelle: Mosler (2006), S. 24

4. Der reale Wechselkurs im Vergleich zu relativen Sektorproduktivitäten

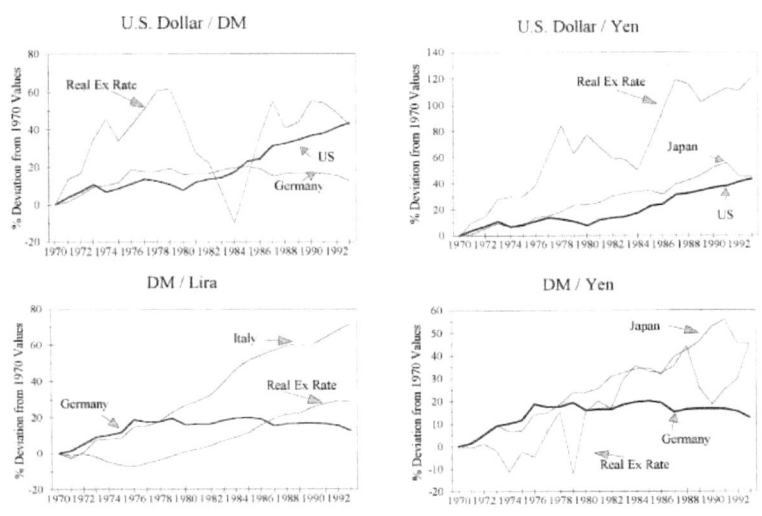

Quelle: Canzoneri et al. (1999), S. 246

5. Der nominale Wechselkurs und die KKP ausgewählter Länder

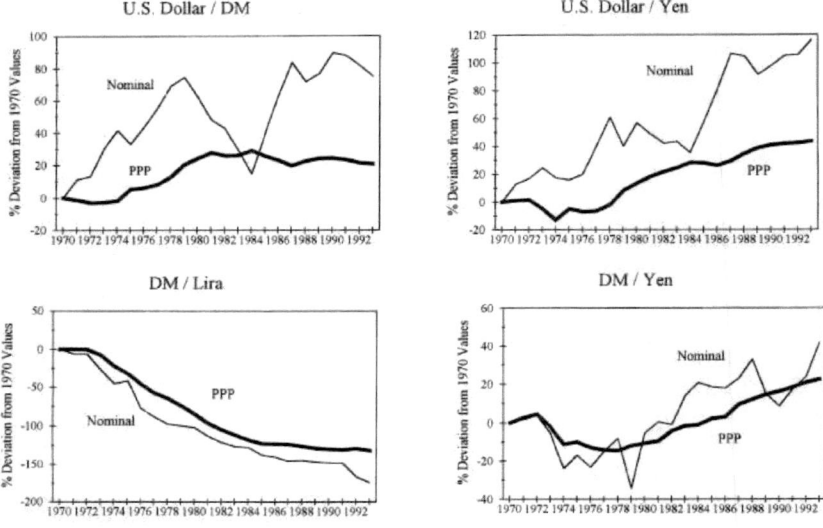

Quelle: Canzoneri 1999, S. 262

B. Tabellen

1. Ergebnisse der Schätzung der Kointegrationssteigung β für Hypothese 1

Estimates of the cointegrating slope coefficient of $\ln(q_{i,t})$ and $\ln(x_{i,t}/h_{i,t})$

$$\ln(q_{i,t}) = \alpha_i + \beta_i \ln(x_{i,t}/h_{i,t}) + \epsilon_{i,t}$$

Country	$\hat{\beta}_{i,OLS}$	$\hat{\beta}_{i,FMOLS}$	$\tau(\hat{\beta}_{i,FMOLS} = 1)$
United States	0.877	0.869	** −4.209
Canada	0.633	0.675	** −2.602
Japan	1.237	1.181	**3.145
Germany	1.074	1.063	1.570
France	0.802	0.779	** −3.297
Italy	0.900	0.922	−1.212
Great Britain	0.412	0.443	** −7.002
Belgium	0.773	0.763	** −12.219
Denmark	0.552	0.510	** −7.888
Sweden	0.624	0.571	** −3.713
Finland	0.804	0.770	** −3.194
Austria	0.959	0.929	−1.398
Spain	0.895	0.859	** −2.141

Panel tests of $\hat{\beta} = 1$ with common time dummies

	$t_{\hat{\beta}}$	$\sqrt{N}\,\bar{t}$	
All countries	** −7.309	** −6.206	
G-7 countries	** −2.055	* −1.693	

The second column contains the ordinary least squares estimates of the slope coefficient. Column 3 contains the Phillips and Hansen (1990) fully modified OLS estimates of the slope and column 4 contains the t-ratio formed by subtracting one from the fully modified OLS estimate of the slope and dividing by the corresponding standard error. The numbers of lags used in computing the fully modified OLS estimate are chosen using the data-dependent procedure proposed by Newey and West (1994). The panel tests are those proposed by Pedroni (1996).

Quelle: Canzoneri et al. 1999, S. 255

2. Ergebnisse der Schätzung Kointegrationssteigung β für Hypothese 2

Estimates of the cointegrating slope coefficient of $\ln(E_{i,t})$ and $\ln(r_{i,t})$

$$\ln(E_{i,t}) = \alpha_i + \beta_i \ln(r_{i,t}) + \epsilon_{i,t}$$

Country	Reference currency: US dollar			Reference currency: DM		
	$\hat{\beta}_{i,OLS}$	$\hat{\beta}_{i,FMOLS}$	$\tau(\hat{\beta}_{i,FMOLS} = 1)$	$\hat{\beta}_{i,OLS}$	$\hat{\beta}_{i,FMOLS}$	$\tau(\hat{\beta}_{i,FMOLS} = 1)$
United States				1.888	1.592	1.357
Canada	0.651	0.610	** −2.615	1.455	1.322	*1.874
Japan	1.657	1.521	1.912	1.416	1.169	0.707
Germany	1.888	1.592	1.357			
France	0.495	0.390	** −3.072	1.337	1.242	**2.703
Italy	0.868	0.973	−0.221	1.040	1.037	0.923
Great Britain	0.506	0.497	** −7.104	0.954	0.886	* −1.754
Belgium	0.422	0.116	** −2.857	−1.045	−0.563	−0.672
Denmark	−0.060	−0.032	** −3.341	1.058	1.043	*1.680
Sweden	0.727	0.734	−0.927	1.159	1.133	**4.229
Finland	0.322	0.308	** −6.328	0.861	0.850	** −3.822
Austria	2.118	1.912	**2.234	1.058	1.017	0.036
Spain	0.652	0.635	** −2.784	1.023	1.005	0.184

Panel tests of $\hat{\beta} = 1$ with common time dummies

	$t_{\hat{\beta}}$	$\sqrt{N}\,\bar{t}$	$t_{\hat{\beta}}$	$\sqrt{N}\,\bar{t}$
All countries	** −2.948	** −4.587	−0.849	−0.815
G-7 countries	** −5.671	** −10.296		
European countries			** −6.696	** −6.600

The second and fifth columns contain the ordinary least squares estimates of the slope coefficient. Columns 3 and 6 contain the Phillips and Hansen (1990) fully modified OLS estimates of the slope, and columns 4 and 7 contain the t-ratio formed by subtracting one from the fully modified OLS estimate of the slope and dividing by the corresponding standard error. The numbers of lags used in computing the fully modified OLS estimate and its standard error are chosen using the data-dependent procedure proposed by Newey and West (1994). The panel tests are those proposed by Pedroni (1996).

Quelle: Canzoneri et al. 1999, S. 261

C. Formeln

1. Proportionalität von Grenzproduktivitäten und Durchschnittsproduktivitäten

Annahme zwei beliebiger Funktionen F(.) und G(.)

$$X = F\left(K^X\right)\left(L^X\right)^\varphi \;,\quad H = G\left(K^H\right)\left(L^H\right)^\psi$$

$$\frac{\partial X}{\partial L} = \varphi F\left(K^X\right)\left(L^X\right)^{\varphi-1} = \varphi\left(X/L^X\right)$$

$$\frac{\partial X}{\partial H} = \psi F\left(K^H\right)\left(L^H\right)^{\psi-1} = \psi\left(X/L^H\right)$$

$$\frac{\partial X/\partial L^X}{\partial H/\partial L^H} = \frac{\varphi\left(X/L^X\right)}{\psi\left(H/L^H\right)}$$

Quelle: Canzoneri et al. 1999, S. 249

2. Methode der kleinsten Quadrate

$$\hat{\beta}_i = \frac{\sum\limits_{i=1}^{n}\left(z_i - \bar{z}\right)\left(y_i - \bar{y}\right)}{\sum\limits_{i=1}^{n}\left(z_i - \bar{z}\right)^2}$$

$$\hat{\alpha}_i = \bar{y} - \hat{\beta}_i\bar{x}$$

Legende: $\hat{\alpha}_i$, $\hat{\beta}_i$ - zu schätzende Parameter

$\qquad$ i = 1........n Anzahl der Beobachtungen

$\qquad$ $\bar{z}$, $\bar{y}$ arithmetisches Mittel der beiden Zeitreihen

Quelle: Stock (2003), S. 100

III. Literaturverzeichnis

Balassa, Bela (1964): The Purchasing Power Parity Doctrine: A Reappraisal, Journal of Political Economy, 72, S. 584-596.

Canzoneri, Matthew B./Robert E. Cumby/Behzad Diba (1999): Relative Labor Productivity and the Real Exchange Rate in the Long Run: Evidence for a Panel of OECD Countries, Journal of International Economics, 47(2), S. 245-66.

Engel, Charles, (2000): PPP May Not Hold Afterall, Journal of International Economics, 57, S. 243-273.

Engel, Charles/Rogers, John (2001): "Deviations from Purchasing Power Parity: Causes and Welfare Costs", Journal of International Economics 55, S. 29-57.

Engel, Charles/Rogers, John (1996): How Wide is the Border?, American Economic Review, 86(5), 1112-1125.

Froot, Kenneth A./Rogoff Kenneth (1994): Perspectives on PPP and Long-Run Real Exchange Rates, in G.M. Grossman and K. Rogoff, eds., Handbook of International Economics, vol. 3, chapter 32.

Isard, Peter (1977): How Far Can We Push the Law of One Price?, American Economic Review, 67, S. 942-48.

Krugman, Paul/Obstfeld, Maurice (2006): Internationale Wirtschaft, 7. Auflage, Pearson, München.

Levin, Andrew/Chien Fu Lin (1993): "Unit Root Tests in Panel Data: New Results", University of California , San Diego Department of Economics Working Paper: 93-56.

Lothian, J.R./M.P. Taylor (1996): Real Exchange Rate Behavior: The Recent Float from the Perspective of the Past Two Centuries, Journal of Political Economy, 104, S. 488-510.

MacDonald, Ronald (1998): What Do We Really Know About Real Exchange Rates?, Working Paper 28, Österreichische Nationalbank, Wien.

Maddala, G.S./Shaowen Wu (1999): A Comparative Study of Unit Root Tests with Panel Data and a New Simple Test, Oxford Bulletin of Economics and Statistics, 61(S1), S. 631-652.

Mark, Nelson (2001): International Macroeconomics and Finance: Theory and Econometric Methods, Blackwell Publishers.

Mosler Karl/Schmid Friedrich (2003): Beschreibende Statistik und Wirtschaftsstatistik, Springer, Berlin.

Obstfeld, Maurice/Rogoff, Kenneth (2002): Foundations of international macroeconomics, The MIT Press, Cambridge, Massachusetts.

Penn World Table: Version 6.2,
http://pwt.econ.upenn.edu/php_site/pwt62/pwt62_form.php (2007-20-05)

Samuelson, Paul (1964): Theoretical Notes on Trade Problems, Review of Economics and Statistics, {\it 46}(2), S. 145-54.

Sarno, Lucio und Mark P. Taylor (2002): The Economics of Exchange Rates, Cambridge University Press.

Stock, James/Watson Mark (2003): Introduction to econometrics, int. ed., Addison Wesley, Boston Mass.

Wu, Yangru (1996): Are Real Exchange Rates Non-Stationary? Evidence from a Panel-Data Test, Journal of Money, Credit, and Banking, 28, S.54-63.